DE L'INCAPACITÉ

DES FEMMES MARIÉES, DES MINEURS, DES INTERDITS

ET DES PERSONNES SOUMISES A UN CONSEIL JUDICIAIRE ;

DE L'ACTION EN NULLITÉ OU EN RESCISION

RÉSULTANT DE CETTE INCAPACITÉ ;

PAR F. BERRIAT SAINT-PRIX,

DOCTEUR EN DROIT, AVOCAT, L'UN DES CONCURRENS POUR LA PLACE DE SUPPLÉANT
VACANTE DANS LA FACULTÉ DE DROIT DE PARIS.

Jour de l'acte public : 8 juin, à 3 heures et demie.

PARIS,

IMPRIME CHEZ PAUL RENOUARD,

RUE GARANCIÈRE, 5.

1841.

JUGES DU CONCOURS.

MM.

BLONDEAU, Doyen de la Faculté de Droit, Président.

DE PORTETS,
DURANTON,
DUCAURROY,
BUGNET,
PONCELET,
ROYER-COLLARD, } Professeurs.
PELLAT,
BRAVARD, .
VALETTE,
OUDOT,
ORTOLAN,
PERREYVE,

BRIÈRE DE VALI-
GNY, } Conseillers à la Cour de cassation.
BRYON,

BOSQUILLON DE
FONTENAY, Conseiller à la Cour royale.

HEPP, Professeur à la Faculté de Strasbourg.
GIRAUD, Professeur à la Faculté d'Aix.

ARGUMENTANS.

MM.

DEMANTE,
COLMET DAAGE,
TIXIER LA CHAPELLE, } Docteurs en droit.
VUATRIN,

DE L'INCAPACITÉ

DES FEMMES MARIÉES, DES MINEURS, DES INTERDITS

ET DES PERSONNES SOUMISES A UN CONSEIL JUDICIAIRE.

DE L'ACTION EN NULLITÉ OU EN RESCISION

RÉSULTANT DE CETTE INCAPACITÉ.

L'incapacité dont j'ai à m'occuper n'est point une incapacité physique, matérielle, comme serait celle de marcher, de voir, de sentir.

Il s'agit d'une incapacité abstraite, légale, celle de faire des actes juridiques (1), c'est-à-dire de constituer, pour soi ou pour autrui, un droit réel ou un droit de créance ; d'opérer l'extinction d'un droit de créance ou d'un droit réel, résidant en sa personne ou en la personne d'autrui ; de prendre les mesures nécessaires pour conserver ou faire reconnaître des droits existans.

On voit que, pour déterminer d'une manière exacte et complète jusqu'à quel point une personne donnée est incapable, il faudrait successivement rechercher si cette personne peut :

1° Faire sa condition meilleure, c'est-à-dire,

> *S'acquérir* un droit de propriété ou tout autre droit réel ;
> Obliger un autre envers soi ;
> Se libérer envers un créancier

2° Faire sa condition pire, savoir : .

> Aliéner un droit de propriété ou tout autre droit réel ;
> S'obliger envers autrui ;
> Libérer un débiteur envers soi.

---

(1) Ou pour s'exprimer comme la loi, des actes *civils*, des actes *de la vie civile*.

De là, passant à la procédure, il faudrait examiner si cette personne peut exercer une action, c'est-à-dire, investir le juge du pouvoir de décider si elle a tel droit prétendu, et, en conséquence, de forcer l'adversaire à accomplir le devoir corrélatif de ce droit ; ou, réciproquement, si elle peut défendre à une action dirigée contre elle. (1)

Enfin, on parcourrait la foule des actes que le législateur qualifie de conservatoires, pour voir si la personne en question serait apte à les faire valablement.

En généralisant autant que possible l'idée de capacité, on arriverait à dire que c'est l'aptitude à être investi ou dessaisi d'un droit, à être grevé ou libéré d'une obligation.

Il n'existe pas de personne à qui le législateur ait refusé cette aptitude d'une manière absolue.

Il l'a certainement accordée d'une manière générale aux personnes dont j'ai à m'occuper, savoir les femmes mariées, les mineurs et les aliénés.

La capacité qui leur est refusée à des degrés différens, c'est l'aptitude à s'investir ou se dessaisir d'un droit, à se grever ou se libérer d'une obligation. Elle ne leur est même pas refusée, lorsque l'aliénation ou l'obligation résulte d'un fait où la volonté n'entre pour rien, mais seulement lorsque la volonté entre comme élément essentiel et direct dans l'acquisition ou l'aliénation, dans l'obligation ou la libération.

Et en effet, l'incapacité de ces trois classes de personnes est basée sur l'imperfection de leur volonté ; imperfection résultant soit du bas âge, soit d'une infirmité physique, soit de la subordination à la puissance maritale.

En cette matière comme dans les autres, le législateur ne crée pas,

(1) Ces deux actes sont désignés cumulativement dans les lois par le mot *plaider*, ou l'expression *ester en jugement*, mauvaise traduction de *stare in judicio*.

il constate. Il serait bien inutile, pour ne rien dire de plus, d'établir arbitrairement des incapacités purement artificielles : on doit se borner à régulariser, à l'aide de présomptions légales, le cours ordinaire des choses, trop sujet à varier accidentellement.

Dans la nature, les enfans et les fous sont privés d'intelligence ; les femmes sont plus faibles que leurs maris. Mais il est des enfans dont l'intelligence est précoce, des fous qui ont des intervalles lucides, des femmes dont les lumières et même la force physique sont supérieures à celles de leurs maris.

Si le législateur avait gardé le silence, les jurisconsultes (lesquels au surplus sont les inventeurs de la loi) se seraient accordés sûrement sur le principe; mais que d'incertitudes dans l'application ! quelle latitude laissée au juge! que de difficultés pour reconnaître si tel adolescent appartient à la classe des enfans ou des hommes faits, si tel fou prétendu jouissait d'une lueur de raison au moment où il contractait, si telle femme n'a pas en réalité plus de force et de raison que l'homme auquel elle est mariée! Difficultés d'autant plus grandes, que l'amour-propre des individus les empêche de se faire justice à eux-mêmes, en se rangeant spontanément dans la catégorie des incapables. D'ailleurs, en réalité, beaucoup de jeunes gens montrent une aptitude singulière pour certaines sciences ou certaines industries; nombre de fous ne déraisonnent que sur un point unique, et la plupart des femmes entendent bien mieux que leurs maris plusieurs branches de l'administration intérieure.

Le législateur s'est débarrassé de toutes ces entraves par sa ressource ordinaire, ressource dont il a quelquefois abusé, celle des présomptions.

Tous les hommes au-dessous de vingt-et-un ans sont déclarés incapables en masse; tous ceux dont l'autorité compétente a constaté la folie, sont censés privés complètement et constamment de raison, jusqu'à ce que la même autorité ait constaté leur retour au bon sens; toutes les femmes sont assujetties à l'obéissance envers leur mari.

Mais il faut bien se garder d'oublier que ces présomptions légales ont seulement pour but de régulariser le cours naturel des choses, troublé par de si fréquentes anomalies, et de mettre à l'abri des contestations la fixation du commencement et de la fin de l'incapacité. Il ne faudrait point en conclure, par exemple, que les actes d'un enfant au berceau et ceux d'un jeune homme de vingt ans doivent être complètement assimilés; que les actes d'un fou non frappé d'interdiction sont nécessairement valables.

Dans toutes les parties de la législation, le fait est en opposition avec le droit. Il peut très bien arriver que l'individu déclaré par la loi, incapable de faire un acte, accomplisse cet acte en réalité. Il convient alors de rechercher :

1° Si cet acte doit être considéré comme dépourvu d'effet, à quelque époque que ce soit, et abstraction faite de toute constatation judiciaire;

2° S'il doit être considéré comme dépourvu d'effet, à l'égard de l'incapable qui le trouve avantageux; en d'autres termes, si l'on peut argumenter, contre l'incapable lui-même, de son incapacité.

En prenant pour point de départ ces idées préliminaires, je vais d'abord chercher à déterminer l'étendue de l'incapacité des femmes mariées, des mineurs et des aliénés.

Ensuite j'indiquerai s'ils sont dans la nécessité de faire annuler leurs actes; dans quel délai ils doivent agir; et si eux seuls peuvent exercer l'action en nullité.

PREMIÈRE PARTIE.

I. *Femmes mariées.*

La faiblesse du sexe féminin est par elle-même une cause d'incapacité en droit public, mais non en droit privé. Une fille, une veuve de vingt-et-un ans, sont aussi capables qu'un majeur du sexe masculin. Elles pourraient même cautionner un tiers.

Il en est autrement quand la fragilité du sexe se combine avec l'état de mariage. La supériorité de l'homme, incontestable au point de vue des forces physiques, plus ou moins contestée sous le rapport de l'intelligence, l'a autorisé à s'attribuer (la loi est l'ouvrage des hommes), la prééminence dans l'association conjugale, et la direction de la gestion des intérêts communs. Il est vrai qu'il n'y a pas toujours communauté de biens entre les époux; mais alors même la femme est tenue de contribuer à supporter les charges du ménage, et le mari, soit qu'il ait ou non les droits d'un usufruitier, est intéressé à surveiller l'administration de la fortune particulière de la femme.

De là, la nécessité pour la femme d'obtenir, lorsqu'elle veut plaider ou contracter, l'autorisation maritale; nécessité qui étant un effet du mariage ne peut précéder sa cause (1), et doit cesser avec elle. Mais la séparation de corps ne la détruit pas, puisqu'elle laisse subsister le mariage.

La femme a besoin d'autorisation pour aliéner entre vifs, pour se grever d'une hypothèque ou d'une obligation.

_____

(1) La coutume d'Artois, par une disposition que Dumoulin qualifie d'inepte, interdisait à la femme de contracter sans l'autorité de son fiancé.

Elle ne peut acquérir même à titre gratuit, parce que le mari a un intérêt moral à surveiller les motifs de la libéralité.

Elle est incapable, sans le même consentement, de compromettre ses droits par une demande judiciaire qui les soumettrait aux chances du litige. Les tiers qui prétendent avoir des droits contre elle, ne peuvent la poursuivre sans notifier leur poursuite au mari, vu le préjudice dont le menace la condamnation possible de sa femme.

Ceci ne s'applique point aux matières criminelles et de police, soit simple, soit correctionnelle. L'intérêt du mari ne doit pas arrêter l'exercice de la vindicte publique.

Le mariage d'une femme engagée dans un procès, tout en l'assujettissant à obtenir le consentement de son mari, n'opère point interruption d'instance.

Rien n'empêche une femme non autorisée de requérir la transcription d'un acte, ou l'inscription d'une hypothèque et de faire les actes conservatoires qui n'astreignent pas à figurer dans un procès, ou n'imposent pas une obligation.

Rien ne l'empêche de tester, c'est-à-dire de disposer pour une époque où la puissance maritale aura pris fin.

La femme que la séparation de biens conventionnelle ou judiciaire, ou toute autre clause expresse ou tacite du contrat de mariage, investit du pouvoir d'administrer tout ou partie de ses biens, acquiert de la sorte une capacité renfermée dans les limites de ce même pouvoir d'administrer. Elle devient capable de s'obliger sur tous ses biens, toutes les fois que l'acte est indispensable pour entretenir sa chose ou pour en percevoir les revenus, et en outre, d'aliéner son mobilier. Sous tous les autres rapports, les principes généraux continuent d'être applicables.

Autrefois l'autorisation maritale était une espèce d'acte solennel : le mari devait déclarer formellement qu'il autorisait sa femme pour tel acte ; le terme autoriser était comme un terme sacramentel qu'il fallait nécessairement employer. La présence du mari dans l'acte eût été insuffisante. On était moins rigoureux pour les actes judiciaires : on se contentait que le mari figurât dans l'instance conjointement avec sa femme.

Les rédacteurs du Code civil n'exigent aucune solennité dans la manifestation du consentement. Le concours du mari dans l'acte implique approbation de sa part. Elle pourrait d'ailleurs s'induire de toute autre circonstance, et ne serait point irrégulière pour être donnée verbalement ; toutefois la preuve testimoniale serait inadmissible dans cette hypothèse.

Le mari peut révoquer son autorisation ; il ne peut infirmer un acte autorisé.

Approuver un acte juridique, c'est approuver les faits nécessaires pour l'accomplir, et ceux qui en sont la conséquence inévitable.

Mais chaque acte doit être autorisé ; en d'autres termes, il faut que le consentement soit manifesté pour un acte en particulier, sans qu'il soit besoin de rechercher par voie d'induction s'il est compris dans une classe d'actes que le mari aurait déclaré approuver. D'un autre côté, il faut que le consentement soit réitéré chaque fois que l'acte se renouvelle. Une autorisation générale ne serait valable que quant à l'administration des biens de la femme.

Le consentement exprès ou tacite donné à ce que la femme se fasse commerçante a toutefois des conséquences étendues ; pour ce qui touche son commerce, elle devient capable de s'obliger, d'hypothéquer et d'aliéner ses immeubles, lorsque la nature du régime ou une clause expresse ne paralyse pas ce droit.

On ne doit pas confondre avec la femme commerçante celle qui est préposée aux opérations du commerce de son mari.

En assujettissant la femme à solliciter l'approbation du mari pour ses actes, la loi n'a pas établi celui-ci juge en dernier ressort de leur venance. Les tribunaux peuvent en général suppléer à son refus, après l'avoir entendu dans la chambre du conseil.

Bien mieux, il est des cas assez nombreux où l'autorité maritale disparaît complètement pour faire place à celle de la justice.

La minorité, l'absence présumée ou déclarée, l'interdiction, la condamnation du mari à une peine infamante rendent indispensable l'intervention des tribunaux tout en dispensant de consulter le mari.

Le condamné à une peine infamante recouvre sa puissance maritale après l'expiration de la peine.

II. *Mineurs.*

1° Mineurs non émancipés.

Des nuances assez tranchées séparent, dans l'ordre naturel des choses, ceux qui, dans l'ordre légal, sont réunis dans une classe unique sous la dénomination de mineurs, c'est-à-dire de mineurs de vingt-et-un ans.

Chez les enfans en bas âge, il y a impuissance physique de vouloir : si donc ils sont incapables, ce n'est pas seulement parce que le législateur l'a ainsi décidé. Dans un âge plus avancé, ils sont capables de volonté, mais d'une volonté irréfléchie ; enfin les adultes sont en état de raisonner leurs volontés, mais leur inexpérience des affaires les expose à une foule de dangers.

Les Romains tenaient compte de ces différences. En droit civil surtout, il importait de ne pas confondre les *infantes,* les impubères proprement dits et les adultes. Chez nous, tous les mineurs sont en général frappés par la loi d'une incapacité commune.

On aurait pu admettre, pour les mineurs doués d'intelligence, le système reçu en droit romain pour les pupilles, et leur permettre de faire eux-mêmes les actes juridiques avec l'autorisation d'un tuteur chargé d'augmenter leur capacité par son assistance.

Les auteurs du Code civil ont préféré complètement effacer l'incapable, en conférant au tuteur le mandat légal de le représenter. Le mineur devient ainsi capable par procureur.

En droit romain, c'est le pupille qui aliène, qui contracte, avec l'autorisation tutélaire ; en droit français, le mineur disparaît, et le tuteur lui est substitué : c'est ce dernier qui contracte, qui agit. On pourrait dire de lui ce que les lois romaines disent du père de famille : sa voix est comme celle du mineur.

Il est clair que c'est dans la personne du pupille que résident le droit, ou l'obligation, résultant de l'acte juridique ; mais c'est le tuteur qui émet la volonté nécessaire pour opérer cet acte.

2.

Supposons, par exemple, qu'il s'agisse d'acheter une chose moyennant un certain prix. La volonté du tuteur décide que l'achat aura lieu : le pupille est constitué propriétaire de la chose et débiteur du prix.

Au surplus, le mineur représenté par son tuteur ne devient pas complètement capable. La loi, refusant une confiance sans limites à une volonté qui n'est pas retenue par le frein de l'intérêt personnel, exige, lorsque l'acte excède les bornes de l'administration ordinaire, l'approbation, soit du conseil de famille seul, soit du conseil de famille et du tribunal de première instance, sans parler d'autres formalités accessoires.

Ainsi le tuteur ne peut, seul, aliéner les immeubles, les hypothéquer, emprunter, accepter des successions ou des donations, exercer des actions immobilières ou y acquiescer, faire un partage, ni une transaction.

Bien plus, certains actes lui sont complètement interdits, comme les compromis, les donations, si ce n'est certaines libéralités dont on ne peut dire qu'elles soient faites *nullo jure cogente*.

Le principe qui fait du tuteur un intermédiaire obligé dans les actes du mineur, souffre quelques exceptions. C'est ce dernier qui parle, dans le testament, dans le contrat de mariage, dans les conventions matrimoniales. Aussi la loi, dans ces divers cas, tient compte de la différence établie par la nature entre les enfans et les adultes. Elle ne permet de tester qu'au mineur âgé de seize ans accomplis. A l'égard des conventions matrimoniales, le mineur doit être assisté, devant le notaire, des mêmes parens que devant le maire. Les ascendans ont également un pouvoir plus étendu que le tuteur, quant à l'acceptation des donations.

Je n'ai point à m'occuper de la manière dont la tutelle s'établit et prend fin, des obligations qui en peuvent résulter, et des incapacités dont elle frappe le tuteur pour son compte personnel.

J'ai montré que les adultes n'étaient assimilés aux enfans en bas âge qu'en vertu d'une présomption légale. Cette présomption peut être détruite à l'aide d'un acte appelé émancipation, qui attribue au mineur une demi-capacité, analogue à celle de la femme mariée séparée de biens.

En effet, il peut faire, par lui-même et sans le secours d'un mandataire légal, tous les actes de pure administration, contracter des baux qui n'excèdent pas neuf ans; recevoir valablement le paiement de celles de ses créances qui ont pour objet des fruits civils, exercer des actions mobilières.

Avec l'assistance d'un curateur, il devient capable de recevoir et d'arrêter le compte de tutelle; d'exercer une action immobilière, et d'y défendre; de recevoir valablement le paiement d'une créance ayant pour objet un capital, de partager une succession mobilière ou non, d'accepter une donation, de transférer une rente sur l'Etat, de cinquante francs et au-dessous.

L'assistance du curateur ne suffit plus, lorsqu'il s'agit de faire des actes autres que ceux de pure administration, comme un emprunt, une aliénation d'immeubles; la loi prescrit alors, d'observer les mêmes formes que si le mineur n'était pas émancipé. Mais il ne disparaît pas comme le pupille sous la personnification empruntée du tuteur; c'est lui-même qui contracte, qui aliène.

A l'âge de dix-huit ans, le mineur émancipé peut embrasser la profession de commerçant, en obtenant l'autorisation de son père ou de sa mère, ou du conseil de famille avec homologation judiciaire, et en publiant cette autorisation. Il devient par là, capable de faire seul et sans assistance de curateur, les actes relatifs à son commerce, et d'engager ou hypothéquer ses immeubles.

III. *Interdits.*

La folie dans ses diverses nuances, produit une impuissance physique de vouloir, en l'absence de toute disposition législative. Or, il semble inutile et même contradictoire de retirer à quelqu'un des facultés qu'il n'a pas. Aussi, en droit romain, n'interdisait-on pas les fous, mais seulement les prodigues qui abusent des facultés qu'ils ont réellement. Toutefois on reconnaît bientôt l'utilité d'établir à cet égard une présomption légale, si l'on songe combien il est difficile de déterminer l'époque précise à laquelle commence et finit la folie; et combien il est rare qu'elle soit d'une continuité absolue. Les intermittences ou intervalles lucides, faisant succéder alternativement la capacité à l'incapacité, seraient des sources fécondes de procès.

C'est l'autorité judiciaire qui est chargée de constater la folie. Je n'ai point à énumérer ici les personnes qui ont qualité pour provoquer l'interdiction, ni à retracer les formes qu'elles doivent suivre; formes qu'on doit également observer pour parvenir à la main-levée, lorsque les causes de l'interdiction viennent à cesser.

L'interdit est assimilé au mineur, pour sa personne et pour ses biens; il est représenté par un tuteur qui *veut* à sa place. Au surplus l'assimilation n'est pas entière : l'interdit ne peut se marier, ni faire un testament. L'emploi de ses revenus ne doit pas être dirigé de manière à augmenter une fortune qui profitera peut-être à d'autres qu'à lui; ils doivent être essentiellement consacrés à adoucir son sort, et à accélérer sa guérison. En outre, il ne faut pas que sa folie nuise à l'établissement de ses enfans; s'il est question de les marier, on peut leur constituer au nom de l'interdit, une donation sans clause de préciput, réglée par le conseil de famille, avec homologation judiciaire.

IV. *Personnes soumises a un conseil judiciaire.*

La loi autorise les tribunaux qui rejettent une demande en interdiction, à ordonner que le défendeur ne pourra faire certains actes sans l'assistance d'un conseil, *si les circonstances l'exigent :* c'est-à-dire, sans doute, si sa folie n'est pas assez prononcée pour fonder une interdiction radicale de l'exercice des droits civils, bien que sa raison soit assez faible pour qu'on lui interdise les plus importans. Au surplus, rien n'empêche en pareil cas les parens de restreindre leur demande dès le principe à la nomination d'un conseil.

Outre les personnes faibles d'esprit, on peut aussi soumettre à un conseil judiciaire, les prodigues qui consomment en dépenses improductives non-seulement la totalité de leurs revenus (1), mais une portion de leurs capitaux, de manière à amener leur ruine dans un délai plus ou moins court. Leur propre intérêt, et celui de leur famille, compromise dans sa subsistance actuelle, et dans l'attente où elle est de jouir à son tour du patrimoine commun, autorise ici une dérogation au *jus abutendi* que renferme le droit de propriété.

Les actes pour lesquels est requise l'assistance du conseil, ou pour mieux dire, du *conseiller* judiciaire, sont : l'aliénation, la constitution d'hypothèque, l'emprunt, le recouvrement d'une créance ayant pour objet un capital, la transaction, l'exercice d'une action, et le fait d'y défendre. Cette énumération limitative laisse intacte pour le surplus, la capacité du prodigue et du faible d'esprit. Bien plus l'interdiction du droit d'aliéner n'emporte pas celle du droit de tester et doit se modifier par le pouvoir d'administrer, que conserve l'incapable. S'il se marie, la communauté légale et l'hypothèque légale auront lieu comme à l'ordinaire.

(1) Dans diverses parties du droit, on suppose qu'un *père de famille* sensé dépense tout son revenu.

APPENDICE.

Une loi du 3o juin 1838 impose à chaque département l'obligation d'avoir un établissement public destiné à recevoir et à soigner les aliénés, ou de traiter, à cet effet, avec un établissement public ou privé du même département ou d'un autre.

Le placement a lieu sur la demande d'un particulier, ou par ordre de l'autorité publique, lorsque l'aliénation est de nature à compromettre l'ordre public ou la sûreté des individus.

Il peut s'appliquer également à des interdits et à d'autres personnes.

Dans ce dernier cas, la commission de surveillance désigne un de ses membres pour remplir, en son nom, les fonctions d'administrateur provisoire. Le membre désigné procède au recouvrement des sommes dues à la personne placée dans l'établissement, et à l'acquittement de ses dettes; passe des baux de trois ans et au-dessous, et peut faire vendre les meubles avec permission du président du tribunal.

Au reste, on peut requérir du tribunal, la nomination d'un administrateur provisoire aux biens de la personne placée. C'est à lui que sont faites les significations adressées à l'aliéné, les tribunaux ayant la faculté d'annuler les significations faites au domicile.

Dans le cas où l'aliéné était engagé dans un procès à l'époque du placement, ou a été actionné depuis, le juge désigne un mandataire spécial à l'effet de le représenter en justice. Le juge peut aussi, lorsqu'il y a urgence, charger un mandataire spécial d'intenter une action au nom de l'aliéné.

Au défaut d'administrateur provisoire, le président commet un notaire pour représenter l'aliéné dans les inventaires, comptes, partages et liquidations dans lesquels il est intéressé.

Les pouvoirs que je viens d'énumérer cessent de plein droit dès que l'aliéné n'est plus retenu dans l'établissement.

SECONDE PARTIE.

DES ACTIONS EN NULLITÉ OU EN RESCISION RÉSULTANT DES INCAPACITÉS ÉNUMÉRÉES PLUS HAUT.

Je vais me placer maintenant dans l'hypothèse où les limites posées dans la première partie de mon travail n'ont pas été observées.

La femme mariée a contracté ou aliéné sans l'autorisation maritale; le mineur non émancipé et l'interdit ont figuré dans un acte au lieu d'agir par le ministère de leur représentant légal, qui du reste, ne les a pas assistés; le mineur émancipé a fait seul un acte où le consentement du curateur était requis; le prodigue et le faible d'esprit ont aliéné ou plaidé sans l'assistance de leur conseil judiciaire.

On peut en outre supposer que les tuteurs, curateurs, conseils judiciaires, sont intervenus, mais n'ont pas rempli les formalités que la loi leur impose pour certains actes, ou même ont accompli un acte qu'elle leur interdit complètement.

Je dois examiner, en prenant cette supposition pour point de départ :

1º Si l'acte émané d'un incapable est nul par cette seule circonstance, ou s'il faut en outre qu'il en résulte pour l'incapable un préjudice, question qui se présente seulement à l'égard des mineurs;

2º Si l'acte nul l'est par rapport à tous ceux qui y ont participé, ou seulement par rapport à l'incapable;

3º Si l'acte de l'incapable est frappé d'une nullité tellement radicale qu'elle puisse être invoquée à une époque ultérieure quelconque, ou si au contraire elle est susceptible de se couvrir.

3

I. *Les mineurs ne peuvent-ils faire annuler leurs actes que pour cause de lésion?*

L'idée la plus simple qui se présente à l'esprit, lorsqu'on raisonne en faisant abstraction des textes de lois, est celle-ci : toutes les fois qu'en fait l'incapable aura accompli l'acte qui lui est interdit, cet acte devra être considéré comme nul, précisément parce que son auteur était *incapable* de l'accomplir. Toutes les fois, au contraire, que l'acte aura été fait avec le concours des administrateurs et des formalités indiquées par la loi, il sera aussi valable que s'il avait été fait par un majeur. Et en effet, si l'on veut que les tiers consentent à traiter avec l'incapable, il faut leur donner le moyen de se mettre à l'abri de toute perturbation ultérieure de leurs droits respectifs.

Cette idée avait été consacrée à Rome par le droit civil : l'aliénation faite par un pupille non autorisé était nulle; l'aliénation faite par un pupille autorisé était valable.

Mais lorsque le droit prétorien eut permis à tous les mineurs de vingt-cinq ans d'obtenir la *restitutio in integrum,* c'est-à-dire le rétablissement de leur position primitive (1), les pupilles qui, eux aussi, sont des mineurs de vingt-cinq ans, purent faire rescinder leurs actes autorisés, soin fort inutile pour les actes non autorisés et par conséquent nuls *ipso jure.* De ce jour-là on put distinguer parmi les engagemens des pupilles, ceux qui étaient nuls en leur forme, et ceux qui étaient seulement sujets à restitution. Du reste, la coexistence d'une double source législative explique suffisamment pourquoi les jurisconsultes romains présentent successivement le même acte comme valable *ipso jure,* et comme sujet à rescision.

Les rédacteurs du Code civil sont moins excusables d'avoir fourni

(1) On voit que l'expression usitée, *restituer quelqu'un,* est un pur latinisme.

des argumens de force à-peu-près égale à deux systèmes contra-
dictoires.

Voici le premier. Le mineur qui a contracté seul ne peut faire
annuler ses actes en donnant pour motif unique sa minorité; il peut
tout au plus les faire rescinder pour cause de lésion. Mais s'il a été
représenté par qui de droit, avec les formes voulues, il n'est pas
même admis à se dire lésé. Cette opinion s'applique au mineur
émancipé avec une légère variante qui consiste à distinguer les
actes qu'il peut faire seul, de ceux pour lesquels il a besoin d'assistance. Les premiers sont inattaquables; les seconds sont rescin-
dables, mais seulement pour lésion.

Suivant un second système, le mineur n'est pas seulement incapable de *se léser,* mais de contracter. Si donc il n'a pas été dûment
représenté ou assisté, l'acte est nul comme émané d'un incapable.
Si au contraire toutes les formes prescrites par la loi ont été observées, on ne peut plus arguer de l'incapacité de son auteur; mais il
jouit du privilège d'obtenir la rescision pour simple lésion. A l'égard
du mineur émancipé, dans les cas où il peut agir seul, il n'a que
la ressource de la restitution; dans les cas où il doit être assisté, il
peut attaquer l'acte pour incapacité ou pour lésion, suivant qu'il
n'a pas été ou qu'il a été assisté par son curateur.

Si j'étais législateur, je préférerais le premier système dans l'intérêt des tiers, et par conséquent des mineurs eux-mêmes. Si j'étais
juge, obligé de terminer le procès d'une manière quelconque,
malgré l'incertitude de ma conviction, j'appliquerais la même dé-
cision pour le même motif. Comme docteur en droit, je puis me
borner à établir qu'aucun des deux systèmes ne satisfait à toutes
les exigences du texte, et à montrer comment les rédacteurs ont été
conduits à introduire dans leur loi des principes inconciliables.

Au surplus, que la restitution pour lésion soit admise seulement
contre les actes qui excèdent la capacité du mineur, ou qu'elle le
soit même contre les actes où il a été régulièrement assisté, il est

3.

certain que le mineur n'est pas restituable contre les obligations résultant de son délit ou de son quasi-délit; contre celles qu'il a contractées en qualité de commerçant, ou lorsque la lésion résulte d'un cas fortuit. La loi a pris soin elle-même de mettre à l'abri de la restitution un certain nombre d'actes importans, comme les aliénations d'immeubles, les partages de successions, les conventions matrimoniales, etc., pourvu que les formalités requises aient été remplies.

Il est bien entendu que l'application de la restitution pour lésion, doit se combiner avec celle du principe qui défend de s'enrichir au détriment d'autrui. Il suffit au mineur d'éviter une perte, sans qu'il en tire prétexte pour faire un bénéfice.

II. *Par quelles personnes peut être invoquée la nullité résultant de l'incapacité?*

Autrefois, le défaut d'autorisation maritale rendait les actes de la femme mariée absolument nuls ; il ne peut plus être opposé, aux termes du Code civil, que par la femme, par le mari, ou par leurs héritiers ; encore les héritiers du mari seront-ils presque toujours repoussés par le principe : point d'intérêt, point d'action.

Les personnes capables de s'obliger ne peuvent pas davantage opposer l'incapacité du mineur et de l'interdit avec qui elles ont contracté.

III. *La nullité résultant de l'incapacité est-elle susceptible de se couvrir?*

Le défaut absolu de consentement rend nuls de plein droit les actes dans lesquels la volonté entre comme élément essentiel; ils ne sont pas dès-lors susceptibles d'être confirmés par le laps de temps ou par une ratification expresse.

Il en est autrement du défaut de capacité, qui engendre seulement une action en nullité, ou, pour mieux dire, en annulation, même pour la femme mariée.

La durée normale de cette action est de dix ans.

Ce temps court, pour les femmes mariées, de la dissolution du mariage; pour les mineurs, de la majorité; pour les interdits, de la main-levée de l'interdiction; pour les personnes placées dans un établissement d'aliénés, de la connaissance qu'elles ont eue de l'acte attaqué, après leur sortie, soit par elles-mêmes, soit par la signification qui leur en est faite; ce qui s'applique à leurs héritiers, lorsque les dix ans n'ont pas commencé à courir contre leur auteur.

L'action en nullité est rendue non recevable par la confirmation expresse avec les formes voulues, et par l'exécution volontaire, l'une et l'autre en temps opportun.

THÈSES.

I. L'autorisation maritale est nécessaire, lorsque la femme est civilement actionnée, en vertu d'un délit, devant les tribunaux civils.

II. La femme séparée ne peut donner ses meubles entre-vifs.

III. La femme séparée ne peut s'obliger, si ce n'est pour l'administration de ses biens.

IV. La femme ne peut devenir commerçante avec l'autorisation de la justice.

V. La femme peut citer directement son mari, pour l'autorisation d'un acte extra-judiciaire.

VI. Le mari peut valablement autoriser sa femme dans une affaire où il est partie.

VII. Le mineur émancipé ne peut consentir d'hypothèque.

VIII. Le mineur émancipé ne peut seul faire remise de ses revenus, et assisté de son curateur, faire remise de ses capitaux.

IX. Après la mort d'un individu dont l'interdiction n'a pas été provoquée, les actes gratuits ou onéreux par lui faits ne peuvent être attaqués pour cause de démence qu'autant que la preuve de la démence résulte de l'acte. Mais on peut les prétendre nuls, en prouvant que l'individu était fou au moment de l'acte onéreux, et qu'il n'était pas sain d'esprit au moment de l'acte gratuit.

X. Les capitaux du prodigue qui se marie tombent dans la communauté légale.

XI. Les règles sur la suspension, et l'interruption de la prescription, sont applicables à l'action en rescision.

XII. La nullité ne peut, après le délai de l'action, être proposée par voie d'exception.

XIII. La nullité de l'acceptation d'une donation ne peut être invoquée que par l'incapable.

XIV. Quand les formes prescrites par la loi pour les partages entre majeurs et mineurs n'ont pas été observées, les majeurs peuvent demander un partage définitif.

XV. L'acte d'une femme non autorisée est rendu inattaquable par la ratification du mari.

www.ingramcontent.com/pod-product-compliance
Lightning Source LLC
Chambersburg PA
CBHW070146200326
41520CB00018B/5320